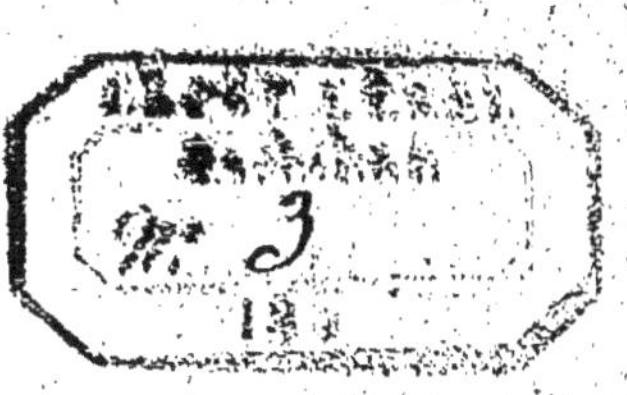

LE PETIT SOLFÈGE

DES ÉCOLES

LE

PETIT SOLFÈGE

DES ÉCOLES

SOLFÈGE THÉORIQUE ET PRATIQUE EN DEUX PARTIES

A L'USAGE

Des Classes Elémentaires et des Aspirants aux divers Examens de l'enseignement primaire et rédigé conformément au nouveau programme.

PAR

FÉLIX GRAVRAND FILS

ORGANISTE A LA CATHÉDRALE,

PROFESSEUR DE MUSIQUE AU COLLÈGE, A L'ÉCOLE NORMALE, ET AUX ÉCOLES COMMUNALES DE VANNES

VANNES

EUGÈNE LAFOLYE, LIBRAIRE-ÉDITEUR, PLACE DES LICES

1885

PRÉFACE

Le *Petit Solfège des Ecoles* que je publie aujourd'hui a été composé sur la demande d'un certain nombre d'Instituteurs et d'Institutrices.

Le *Questionnaire musical* édité l'an dernier est conservé, mais les développements qu'il contient en font un recueil complet des principes de la musique, et sa place se trouve plutôt dans les grandes écoles et dans les bibliothèques qu'entre les mains des élèves des écoles primaires. C'est surtout pour ces derniers que le *Petit Solfège des Ecoles* a été composé. Son prix modique, son plan entièrement conforme aux programmes universitaires, le recommandent au choix des Instituteurs.

J'ai pensé qu'il était bon de terminer l'ouvrage par un choix judicieux et gradué d'exercices de chant, sans paroles et avec paroles, et de réunir ainsi, dans une même brochure, la théorie et la pratique.

Je m'estimerai heureux si je puis contribuer, par cette modeste publication, à la propagation des études musicales élémentaires qui font encore tant défaut dans nos écoles primaires.

F. GRAVRAND.

---

2 *Octobre* 1885.

Mon cher Collègue,

J'ai lu attentivement le *Petit Solfége des Ecoles* que vous avez bien voulu m'envoyer.

Cet ouvrage, quoique court, renferme au point de vue scientifique assez de leçons pour permettre aux Instituteurs et Institutrices auxquels vous le destinez, d'instruire leurs élèves tout en s'instruisant eux-mêmes.

En joignant l'agréable à l'utile, c'est-à-dire en complétant votre livre par l'addition de petits chants d'école à une ou plusieurs voix, vous avez su intéresser le maître et les élèves.

En introduisant ce livre dans les écoles primaires, l'Administration supérieure rendra service à l'art musical et assurera le succès de votre ouvrage.

Veuillez agréez, etc.

E. DARDET,

Professeur à l'Ecole normale d'Instituteurs de Paris.

LE

PETIT SOLFEGE

DES ÉCOLES

PREMIÈRE PARTIE

1re LEÇON

NOTES. — PORTÉE — CLÉS.

1. — **Musique.** — La Musique est l'art d'émouvoir, c'est-à-dire de faire partager aux autres, par la combinaison des sons, les sentiments que l'on éprouve soi-même.

2. — **Notes.** — Les signes qui servent à représenter les sons, s'appellent notes. Il y en a sept : *ut, ré, mi, fa, sol, la, si.*

3. — Vers l'an 1640, Doni, un savant écrivain et musicien italien, substitua *do* à *ut* comme étant plus agréable à prononcer et à entendre dans la solmisation.

4. — **Portée.** — La portée se compose de cinq lignes horizontales et parallèles.

5. — Les lignes de la portée se comptent de bas en haut.

6. — L'espace compris entre deux lignes se nomme interligne. Il y en a quatre dans une portée. On les compte aussi de bas en haut.

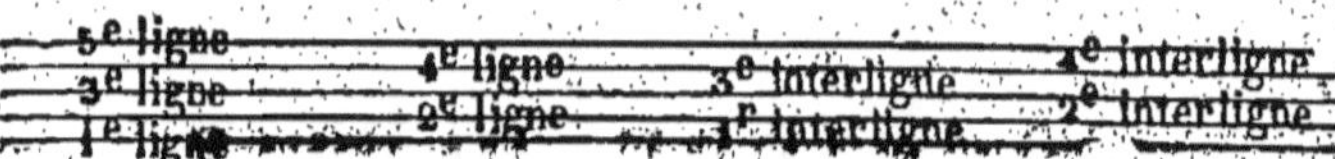

7. — Les notes se placent sur les lignes et entre les lignes de la portée.

8. Pour augmenter l'étendue de la portée, on ajoute des petites lignes horizontales que l'on appelle lignes supplémentaires ou additionnelles et que l'on place soit au-dessus, soit au-dessous de la portée.

Lignes supplémentaires ou additionnelles

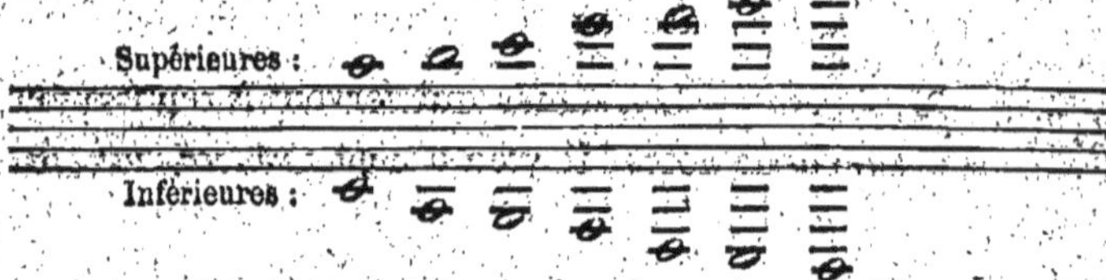

9. — **Clés.** — On détermine la position des notes sur la portée au moyen des clés.

10. — La clé se place au commencement de la portée sur une des cinq lignes.

11. — Il y a trois espèces de clés : la clé de *sol*, la clé de *fa* et la clé d'*ut* ou de *do*.

12. — Les clés employées ordinairement pour le piano

et l'harmonium sont la clé de *sol* placée sur la deuxièm ligne et la clé de *fa* placée sur la quatrième ligne.

2e LEÇON

DURÉE OU VALEUR DES NOTES. — SILENCES. POINT.

13. — **Valeur des Notes.** — Le nom général donné aux différentes figures de notes est valeur. Il y en a sept qui sont : la ronde, la blanche, la noire, la croche, la double croche, la triple croche et la quadruple croche.

14. — La ronde vaut quatre temps, la blanche deux temps, la noire un temps, la croche un demi-temps, la double croche un quart de temps, la triple croche un huitième de temps et la quadruple croche un seizième de temps.

15. — La ronde vaut deux blanches, la blanche vaut deux noires; la noire vaut deux croches, la croche vaut

deux doubles croches, la double croche vaut deux triples croches, la triple croche vaut deux quadruples croches.

16. — La ronde vaut deux blanches, ou quatre noires, ou huit croches, ou seize doubles croches, ou trente-deux triples croches, ou soixante-quatre quadruples croches.

(*Voir l'exemple de la page ci-contre*).

17. — Les valeurs plus petites que la noire se représentent avec des barres ou avec des crochets. On emploie les crochets pour le chant lorsqu'on n'a qu'une note par syllabe, et pour un instrument quelconque lorsqu'il n'y en a qu'une ; quand il y a plusieurs notes pour une syllabe, ou plusieurs notes pour un temps, on les relie par une barre pour les croches ; deux barres pour les doubles croches ; trois pour les triples croches et quatre pour les quadruples croches.

18. — **Silences.** — L'interruption momentanée des sons s'indique par des signes appelés silences. Il y en a sept : la pause, la demi-pause, le soupir, le demi-soupir, le quart de soupir, le huitième de soupir et le seizième de soupir.

Pause. 1/2 Pause. Soupir. 1/2 Soupir. 1/4 de Soupir. 1/8 de Soupir. 1/16 de Soupir.

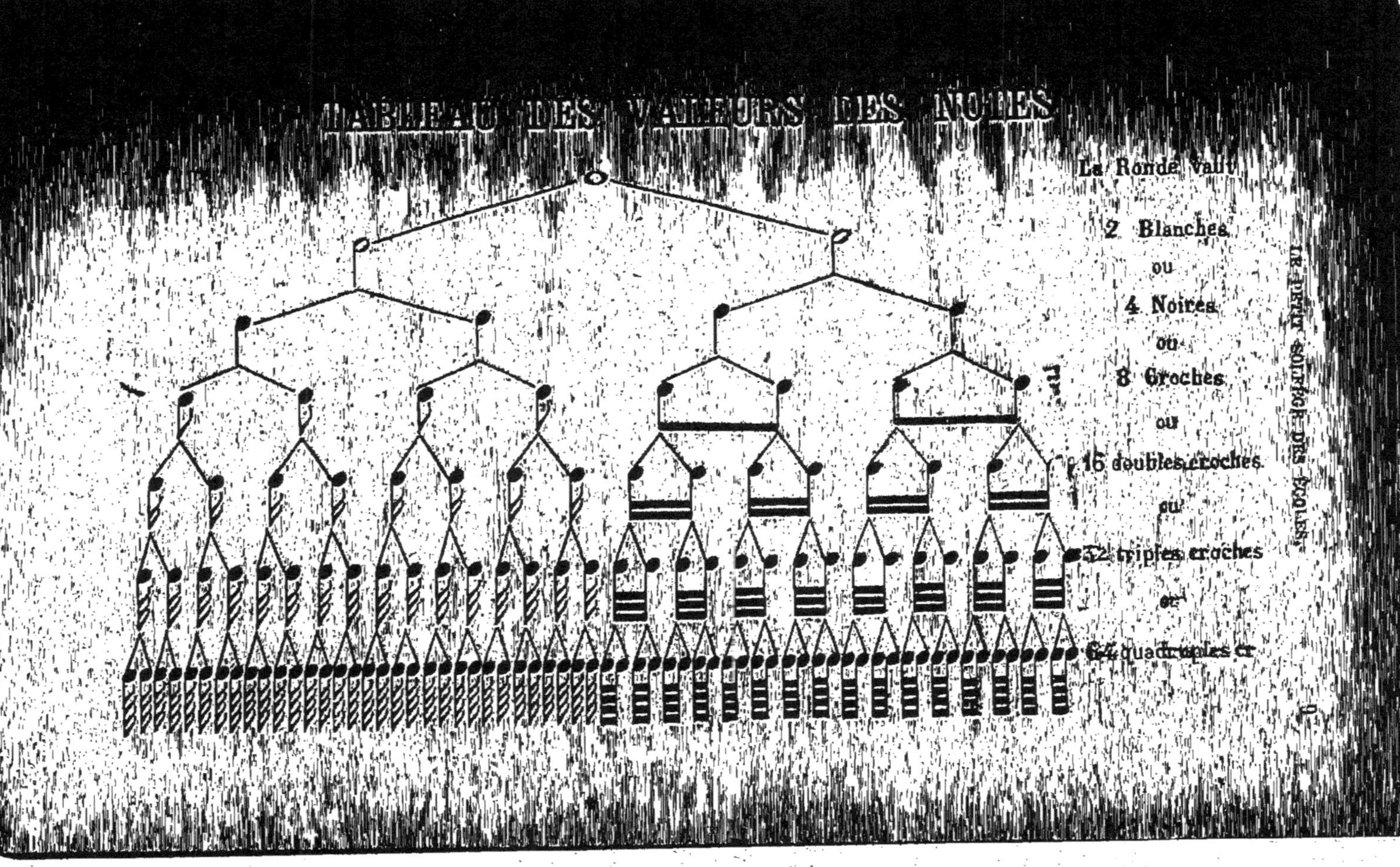
TABLEAU DES VALEURS DES NOTES
La Ronde vaut
2 Blanches
ou
4 Noires
ou
8 Croches
ou
16 doubles croches
ou
32 triples croches
ou
64 quadruples cr

19. — La pause est toujours placée sous une des lignes de la portée et la demi-pause sur une des lignes. La tête du soupir est tournée à droite comme un sept à l'envers, et la tête du demi-soupir est tournée à gauche comme un véritable sept.

20. — Chaque silence correspond exactement à une valeur de note. La pause est égale à la ronde, la demi-pause à la blanche, le soupir à la noire, le demi-soupir à la croche, le quart de soupir à la double croche, le huitième de soupir à la triple croche et le seizième de soupir à la quadruple croche.

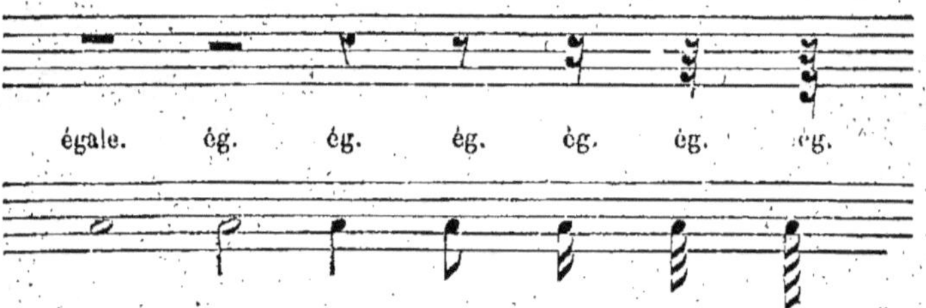

21. — La pause vaut quatre temps, la demi-pause deux temps, le soupir un temps, le demi-soupir un demi-temps, le quart de soupir un quart de temps, le huitième de soupir un huitième de temps et le seizième de soupir un seizième de temps.

22. — Les silences plus petits que le soupir ont autant

de têtes que les figures de notes correspondantes ont de crochets.

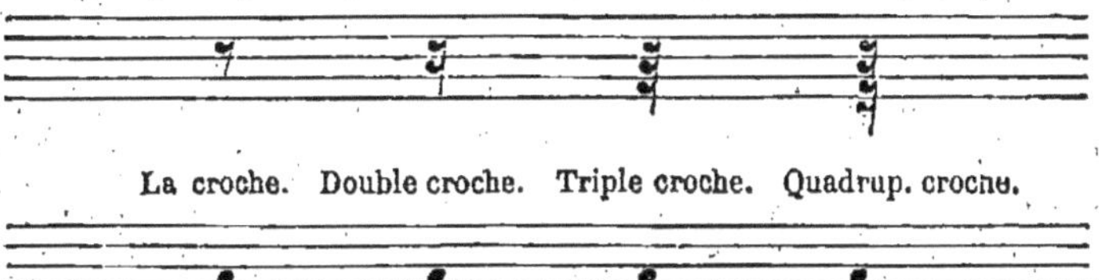

23. — Point. — Le point placé après une note augmente cette note de la moitié de sa valeur.

24. — La ronde pointée vaut une ronde et demie ou trois blanches, la blanche pointée vaut trois noires, la noire pointée vaut trois croches, la croche pointée vaut trois doubles croches, la double croche pointée vaut trois triples croches, et la triple croche pointée vaut trois quadruples croches.

25. — L'effet du point placé après les silences est le même qu'après les notes. La pause pointée vaut une pause et demie ou trois demi-pauses, la demi-pause pointée vaut trois soupirs, le soupir pointé vaut trois demi-soupirs, le demi-soupir pointé vaut trois quarts de soupir, le quart de soupir pointé vaut trois huitièmes de soupir et le huitième de soupir pointé vaut trois seizièmes de soupir.

3e LEÇON

MESURES SIMPLES. — TRIOLET.

26. — **Mesure.** — La mesure en musique est la division d'un morceau en parties égales. Chacune de ces parties se nomme aussi mesure.

27. — On les sépare au moyen de petites barres appelées barres de mesures. Après la dernière mesure d'un morceau, on place une double barre appelée barre de terminaison.

28. — Une barre de reprise est une double barre précédée ou suivie de deux points qui indiquent de retourner aux deux points précédents, ou s'il n'y en a pas, au commencement du morceau.

29. — L'accolade est un trait de plume recourbé qui relie deux ou plusieurs portées qui doivent être exécutées ensemble.

30. — Il y a deux sortes de temps dans une mesure, les temps forts et les temps faibles. Le temps fort est celui sur lequel le son est le plus accentué. Règle générale : les nombres impairs sont toujours les temps forts, et les nombres pairs les temps faibles. Cependant le troisième de la mesure à trois temps est moins fort que le premier.

31. — Les mesures se divisent en deux : les mesures simples et les mesures composées.

32. — **Mesures simples.** — Les mesures simples ou binaires sont celles qui sont formées par la valeur d'une note simple pour chaque temps, qui, dédoublée donne deux ; par exemple une blanche ou deux noires, une noire ou deux croches, etc.

33. — L'unité de temps, pour les mesures simples, peut être la ronde ou la blanche ou la noire, etc. ; cela dépend du chiffre dénominateur.

34. — Il y a trois mesures simples : la mesure à deux temps, la mesure à trois temps et la mesure à quatre temps.

35. — Le signe ou le chiffre qui indique la Mesure se place toujours au commencement du morceau après la clé.

C | $\frac{2}{4}$ | $\frac{3}{4}$

36. — **Chiffrage.** — Voici le tableau des mesures simples les plus employées.

2 temps. 3 temps. 4 temps.

$\frac{2}{2}$ | $\frac{2}{4}$ || $\frac{3}{4}$ | $\frac{3}{8}$ || C $\frac{4}{4}$

37. — La mesure à $\frac{2}{4}$ contient 1 blanche ou 2 noires, ou 4 croches, ou 8 doubles croches, ou 16 triples croches, ou 32 quadruples croches (1).

(1) Voir pour la mesure à deux temps, 2e partie, Nos 1 et suivants ; à quatre temps, No 30 et à trois temps, No 45.

La mesure à $\frac{3}{4}$ contient 1 blanche pointée ou 3 noires, ou 6 croches, ou 12 doubles croches, ou 24 triples croches ou 48 quadruples croches.

La mesure à C ou $\frac{4}{4}$ contient 1 ronde ou 2 blanches ou ou 4 noires ou 8 croches ou 16 doubles croches ou 32 triples croches ou 64 quadruples croches.

38. — La mesure à deux temps se bat le premier temps en frappant, le second en levant. Pour la mesure à trois temps, le premier en frappant, le second à droite et le troisième en levant. Pour la mesure à quatre temps, le premier en frappant, le deuxième à gauche, le troisième à droite et le quatrième en levant.

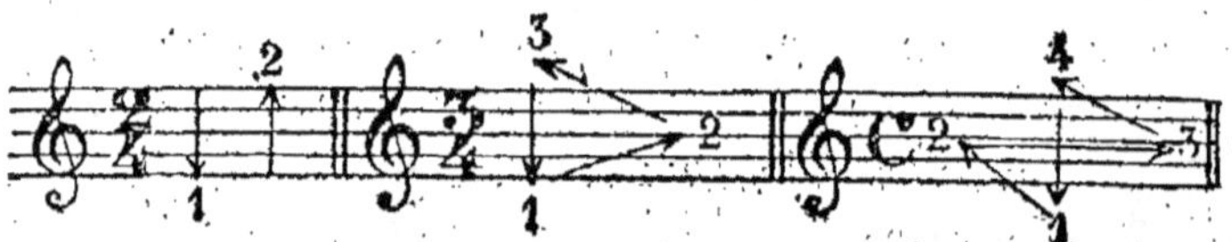

39. — La mesure indiquée par un ₵ ou un grand 2 se bat en 2 temps, quoiqu'elle ait la valeur de la mesure à quatre temps ; ainsi on donnera pour un temps une blanche ou deux noires, ou quatre croches, etc.

40. — La mesure à $\frac{3}{8}$ est une mesure en trois temps qui comprend trois croches pour la mesure entière, et qui n'a par conséquent qu'une croche pour un temps ou deux doubles croches, rythme binaire ou mesure simple.

41. — Le rythme ternaire peut se rencontrer dans une mesure simple, et c'est ce que l'on appelle le triolet.

42. — Triolet. — Le triolet est la division ternaire d'une figure de note ou d'un groupe binaire. Il s'indique au moyen du chiffre 3 placé au-dessus ou au-dessous du groupe en triolet, ainsi trois croches en triolet équivalent à deux croches ou à une noire. (Voir 2e partie, N° [illegible]).

43. — Sextolet. — Le sextolet est un groupe de six notes pour quatre. Il est surmonté du chiffre 6.

4e LEÇON

MESURES COMPOSÉES.

44. — Mesures composées. — Les mesures composées ou ternaires sont celles qui sont formées de la valeur d'une note pointée pour chaque temps et qui, dédoublées donne trois. Exemple : une blanche pointée ou trois noires; une noire pointée ou trois croches, etc.

45. — Chiffrage. — Voici le chiffrage des mesures composées les plus employées.

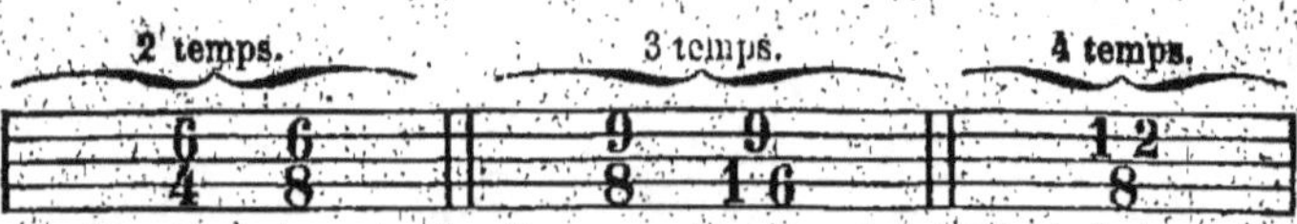

Il y a encore la mesure en cinq temps, qui se chiffre par 5, mais qui ne s'emploie que très rarement.

46. — Tableau des mesures simples et des mesures composées les plus employées.

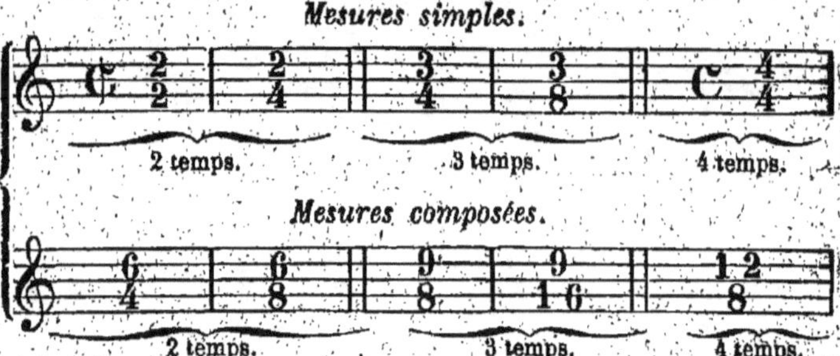

47. — Différence de rythme entre les mesures simples et les mesures composées.

48. — Pour trouver la mesure composée correspondant à une mesure simple, il faut tripler le chiffre supérieur et doubler le chiffre inférieur. On trouve la mesure simple correspondant à une mesure composée en divisant le chiffre supérieur par 3 et le chiffre inférieur par 2.

49. — On reconnaît au premier coup d'œil qu'une mesure est simple ou composée d'après le chiffre supérieur. Si c'est 2, 3 ou 4 la mesure est simple ; si c'est 6, 9 ou 12 la mesure est composée.

50. — Lorsqu'une mesure est désignée par deux chiffres, le chiffre supérieur (numérateur) indique la quantité, et le chiffre inférieur (dénominateur) la valeur ou qualité. Prenons pour exemple la mesure à $\frac{6}{8}$, nous aurons 6 fois le huitième de la ronde ou six fois une croche, ce qui donnera trois croches pour un temps, $\frac{6}{8}$ étant une mesure à 2 temps. (Voir 2e partie).

51. — La mesure à $\frac{6}{8}$ a pour valeur une blanche pointée, ou 2 noires pointées, ou 6 croches, ou 12 doubles croches, ou 24 triples croches, ou 48 quadruples croches.

52. — La différence entre la mesure à $\frac{3}{4}$ et la mesure à $\frac{6}{8}$ n'existe qu'entre les noires, il en faut une par temps, par conséquent trois pour la mesure à 3 temps et deux pointées pour la mesure à $\frac{6}{8}$ puisqu'elle se bat à deux temps, et qu'il faut 6 croches dans la mesure.

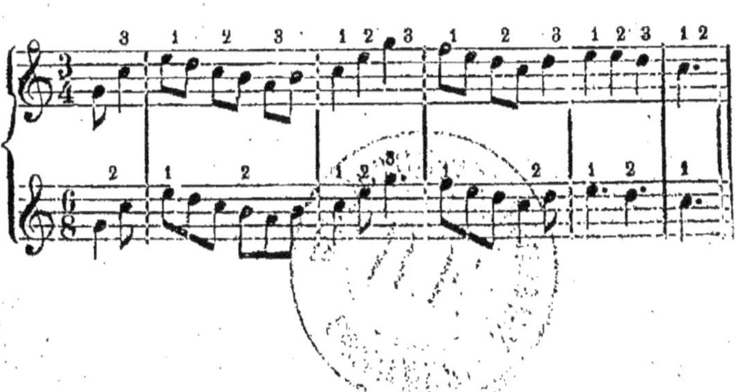

5e LEÇON

SYNCOPES. — CONTRE-TEMPS.

53. — Syncopes. — La Syncope est un son qui commence sur un temps faible ou sur la partie faible d'un temps, pour finir sur un temps fort ou sur la partie forte d'un temps. Il y en a deux : les syncopes ordinaires ou régulières et les syncopes brisées.

54. — La syncope ordinaire ou régulière se fait de deux manières : 1° lorsqu'une note (la blanche) commence sur un temps faible (deuxième) pour finir sur un temps fort (troisième) ; 2° lorsque deux notes de même valeur et sur le même degré sont liées ensemble et commencent sur un temps faible (le quatrième) pour finir sur un temps fort (le premier de l'autre mesure). La syncope ordinaire se fait donc avec ou sans liaison. (Voir 2e partie, N° 45).

55. — La syncope brisée est formée de deux notes placées sur le même degré et liées ensemble, mais dont les deux notes n'ont pas la même valeur. La syncope par parties de temps suit les mêmes règles que la syncope régulière, mais elle commence sur la seconde partie (ou partie faible) d'un temps, pour finir sur la première partie (ou partie forte) d'un autre temps.

56. — **Contre-temps.** — Un contre-temps est un son articulé sur un temps faible ou sur la partie faible d'un temps, sans se prolonger sur un temps fort ou sur la partie forte d'un autre temps.

57. — Le contre-temps régulier se compose alternativement d'un silence et d'une note soit par temps entiers soit par parties de temps.

Le contre-temps irrégulier se compose d'un silence et de deux figures de notes placés alternativement.

58. — Le silence complet d'une mesure quelconque s'indique toujours par une pause, qui n'a dans ce cas que la valeur de la mesure indiquée au commencement du morceau, que cette mesure soit en deux, en trois ou en quatre temps.

6e LEÇON

TONS. — DEMI-TONS ET SIGNES ALTÉRATIFS.

59. — **Tons.** — Un ton est la distance qui existe de *do* à *ré* ou toute distance semblable.

60. — Les intervalles *si-do* et *mi-fa* étant plus petits de moitié s'appellent demi-tons. Chaque ton peut être divisé

en deux demi-tons dont l'un est diatonique et l'autre chromatique.

61. — Signes altératifs. — On obtient ces demi-tons au moyen des signes altératifs qui sont : le dièse, le bémol et le bécarre. (Voir 2e partie, N° 50).

62. — Le dièse placé devant une note hausse cette note d'un demi-ton, le bémol la baisse d'un demi-ton et le bécarre la ramène à son intonation naturelle.

63. — On emploie aussi le double dièse qui hausse la note de deux demi-tons ou un ton, et le double bémol qui baisse la note de deux demi-tons ou un ton.

dièse double dièse bémol double bémol bécarre

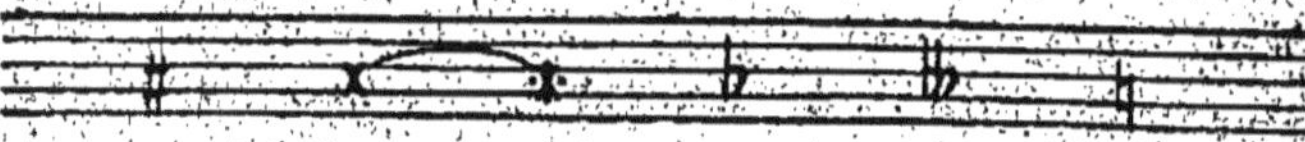

64. — Un comma est la neuvième partie d'un ton.

65. — Les signes d'altérations exercent leur action sur toutes les notes du même nom jusqu'à la fin de la mesure. On place toujours après la clé les signes d'altérations nécessaires au morceau. Dans ce cas, leur effet est permanent.

66 — Demi tons. — Il y a 2 sortes de demi-tons, le demi-ton diatonique et le demi-ton chromatique. Le premier se compose de deux notes de noms différents et de sons différents ; le second de deux notes du même nom et de deux sons différents. L'*Enharmonie* est le rapport, la synonimie qui existe entre deux notes de noms différents et affectées au même son.

Distance 4 commas. Distance 5 commas. 1 comma de distance.

1/2 ton diatonique. 1/2 ton chromatique. Enharmonie.

67. — Dièses. — Le premier dièse est *fa*, et les suivants se produisent de quintes en quintes ascendantes.

ou de quartes en quartes descendantes, ce qui donne *fa, do, sol, ré, la, mi, si*. Cet ordre s'appelle série ou échelle des dièses.

68. — **Bémols.** — Le premier bmol est *si*, et les suivants se produisent de quintes en quintes descendantes ou de quartes en quartes ascendantes Cela donne : *si, mi, la, ré, sol, do, fa*. Cet ordre s'appelle série ou échelle des bémols. La succession des dièses et des bémols se fait comme on le voit en sens inverse.

69. — Les dièses et les bémols se posent sur la ligne correspondant à la note diésée ou bémolisée entre la clé et le signe qui indique la mesure. On ne peut placer les derniers dièses ou les derniers bémols qu'après avoir mis ceux qui précèdent.

7e LEÇON

INTERVALLES. — NOM TECHNIQUE DES DEGRÉS DE LA GAMME. — TÉTRACORDES.

70. — **Intervalles.** — Un intervalle est la distance d'un son à un autre son. Les intervalles tirent leur nom du nombre de degrés dont ils sont composés.

71. — Il y a deux espèces de degrés : les degrés con-

joints et les degrés disjoints. On nomme degrés conjoints ceux dont les notes qui les forment se suivent immédiatement, et degrés disjoints ceux dont les notes qui les forment ne se suivent pas immédiatement.

72. — Il y a deux espèces d'intervalles : les intervalles simples et les intervalles composés ou redoublés. Les intervalles simples sont ceux qui ne dépassent pas l'octave, il y en a sept. L'intervalle composé de deux degrés conjoints se nomme seconde, de trois degrés conjoints ou disjoints tierce, de quatre degrés quarte, de cinq degrés quinte, de six degrés sixte, de sept degrés septième et de huit degrés octave. Deux notes placées sur le même degré s'appellent Unisson.

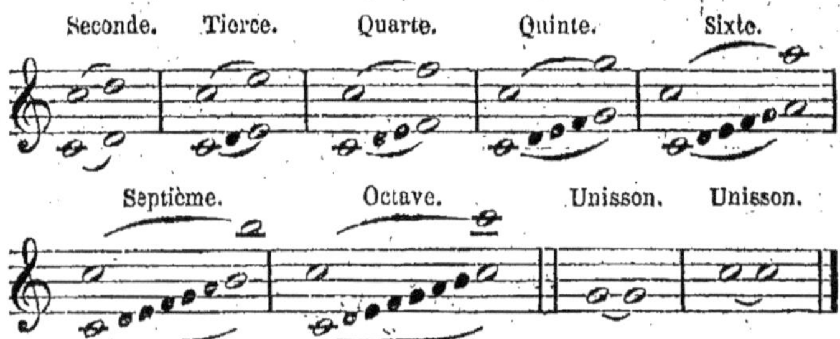

73. — Les intervalles composés sont ceux qui dépassent l'Octave. On peut tripler et quadrupler les intervalles simples non pas avec la voix mais à l'aide de certains instruments.

74. — Il y a différentes espèces de tierces, de quartes, etc. Il y a des tierces qui ne se composent que d'un ton et demi et d'autres de deux tons, il en est de même pour les autres intervalles. Pour les distinguer on les appelle justes, majeurs, mineurs, augmentés, diminués. La quarte, la quinte et l'octave sont des intervalles justes. Les intervalles majeurs et mineurs sont : la seconde, la tierce, la sixte et la septième. Les intervalles peuvent tous être augmentés excepté la septième, et tous diminués excepté la seconde.

(Voir l'exemple, page 24)

75. — Le mot ton exprime aussi l'ensemble des sons par mouvements conjoints ou disjoints formant une gamme diatonique. La gamme diatonique exprime le même ensemble de sons mais par mouvements conjoints.

76. — La gamme est la succession par mouvements conjoints des sept notes de la musique, plus une huitième qui est la répétition de la première, une octave ou huit notes au-dessus.

77. — Nom des degrés. — Le premier degré d'une gamme s'appelle *tonique*, le second *sus-tonique*, le troisième *médiante*, le quatrième *sous-dominante*, le cinquième *dominante*, le sixième *sus-dominante*, le septième *sensible* lorsqu'il se trouve placé à un demi-ton de la tonique et *sous-tonique* quand il s'en trouve séparé par un ton, le huitième degré s'appelle *tonique octave*.

78. — Tétracordes. — On appelle tétracorde une suite de quatre sons marchant par degrés conjoints et

TABLEAU DES INTERVALLES

	Secondes	Tierces	Quartes	Quintes	Sixtes	Septièmes	Octaves
Augtés	1 t. ½ ch	2 t. ½ ch	2 t ½ d ½ ch	3 t. ½ d ½ ch	4 t ½ d ½ ch		5 t. 2/2 d ½ ch
Majeurs	1 ton	2 tons			4 t ½	5 t. ½	
Justes			2 t ½ d	3 t ½ d			5 t 2/2
Mineurs	½ t d	1 t ½ d			3 t 2/2 d	4 t 2/2 t	
Dimés		2/2 t d	1 t 2/2 d	2 t 2/2 d	2 t 3/2 d	3 t 3/2	4 t 3/2

composés de deux tons et demis. La gamme diatonique se compose de deux tétracordes égaux séparés par l'intervalle d'un ton.

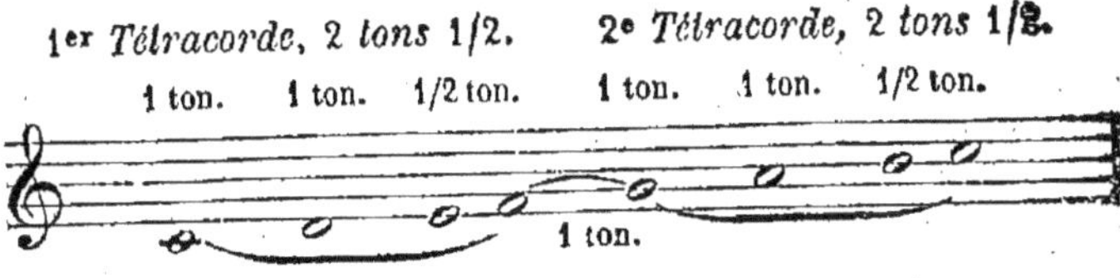

8e LEÇON

TONS MAJEURS ET MINEURS.

79. — **Modes.** — Le mode est le caractère affecté au ton. Il y en a deux : le mode majeur et le mode mineur. Cela donne naissance aux deux espèces de gammes et aux deux tons majeur et mineur. Le ton majeur est celui que l'on doit toujours chercher le premier.

80. — **Ton majeur.** — Il y a trois manières de reconnaître le ton majeur : 1° quand il n'y a rien à la clé; 2° quand il y a des dièses; 3° quand il y a des bémols.

81. — On est en *do* majeur lorsqu'il n'y a rien à la clé. S'il y a des dièses, on trouve le ton majeur un demi-ton au-dessus du dernier dièse placé à la clé. S'il y a des bémols, on trouve le ton majeur une quarte au-dessous du dernier bémol placé à la clé. On peut encore prendre pour ton majeur l'avant-dernier bémol quand il y en a plusieurs.

82. — Les tons relatifs sont deux tons dont l'un est majeur et l'autre mineur. Ils prennent les mêmes signes d'altérations à la clé.

83. — **Ton mineur.** — On reconnaît le relatif mineur d'un ton majeur en prenant une tierce mineure, c'est-à-dire un ton et demi, au-dessous du ton majeur, qu'il ait des dièses, des bémols ou rien à la clé.

84. — Lorsqu'on connaît le majeur et le mineur, et que l'on désire savoir lequel est le véritable ton du morceau, il faut chercher la quinte supérieure du majeur. Si elle est juste, on est en majeur ; si elle est altérée, c'est-à-dire augmentée, on est en mineur. Pour passer dans le ton mineur la quinte du majeur devra toujours être augmentée.

(*Voir l'exemple de la page ci-contre.*)

9e LEÇON

FORMATION DES GAMMES MAJEURES. ACCORD PARFAIT.

85. — **Mode d'une gamme.** — La place qu'occupe les demi-tons constitue le mode d'une gamme.

86. — **Gamme majeure** — La gamme diatonique majeure renferme cinq tons et deux demi-tons ainsi disposés : de *do* à *ré* un ton, de *ré* à *mi* un ton, de *mi*

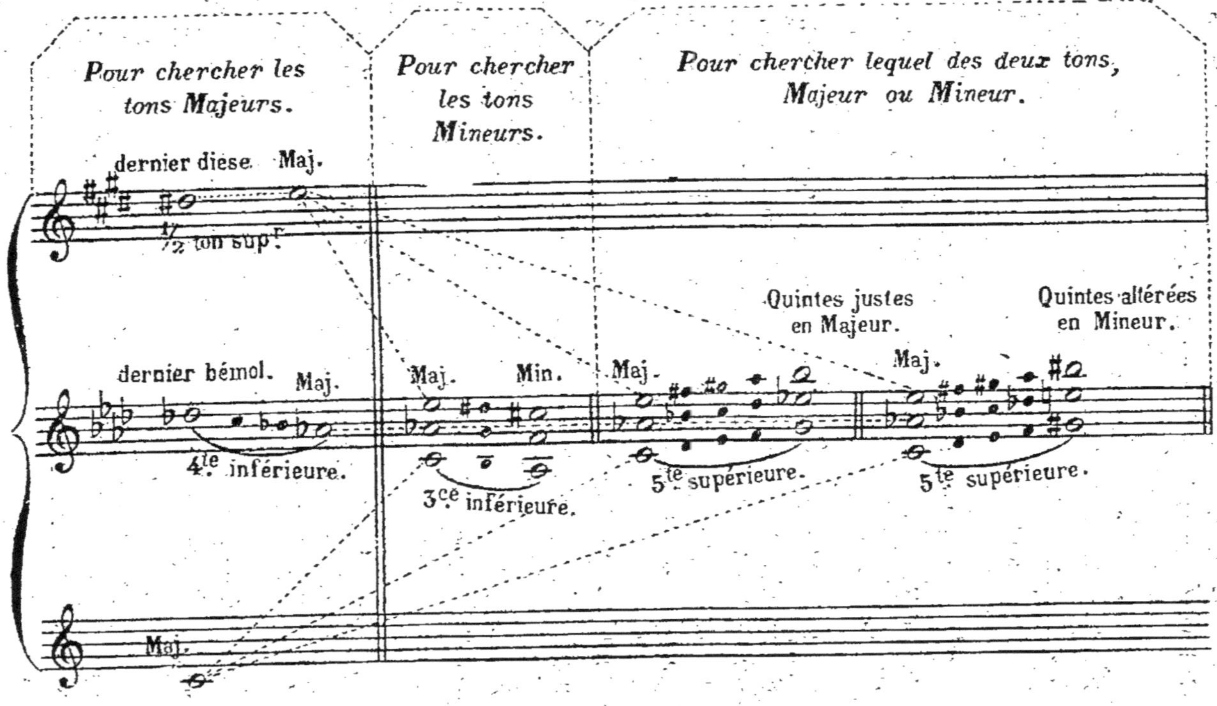

Pour chercher les tons Majeurs.

Pour chercher les tons Mineurs.

Pour chercher lequel des deux tons, Majeur ou Mineur.

dernier diese. Maj.

½ ton sup.r

Quintes justes en Majeur.

Quintes altérées en Mineur.

dernier bémol. Maj.

4.te inférieure.

Maj. Min.

3.ce inférieure.

Maj.

5.te supérieure.

Maj.

5.te supérieure.

Maj.

fa un demi-ton, de *fa* à *sol* un ton, de *sol* à *la* un ton, de *la* à *si* un ton et de *si* à *do* un demi-ton.

87. — Les demi-tons sont donc placés dans cette gamme du troisième au quatrième degré et du septième au huitième.

88. — Une gamme qui commence par la tonique *ut* ou *do*, et qui a les demi-tons placés du troisième au quatrième degré et du septième au huitième s'appelle gamme diatonique d'*ut* majeur, et les notes qui la forment s'appellent notes diatoniques.

89. — On peut faire une gamme majeure en prenant pour tonique une note quelconque. Il suffit d'employer les altérations nécessaires pour conserver aux tons et aux demi-tons la position qu'ils doivent avoir, c'est-à-dire du troisième au quatrième degré et du septième au huitième.

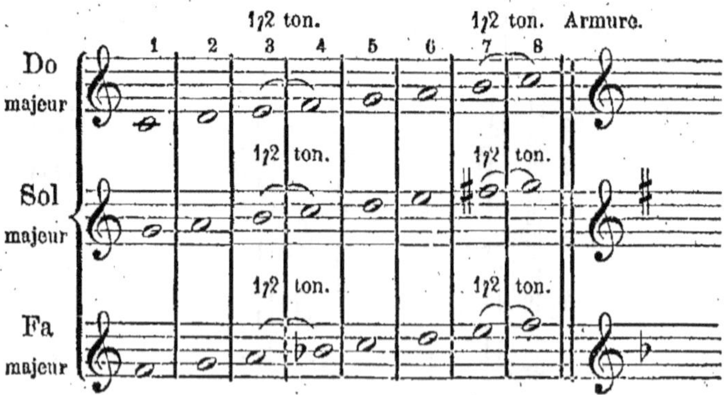

90. — Accord parfait. — L'accord parfait est composé de trois sons à la tierce les uns des autres ce qui forme, en partant de la note inférieure ou fondamentale de l'accord, un intervalle de tierce majeure *do mi*, et un intervalle de quinte juste *do sol*, exemple: *do, mi, sol.* Sur les instruments à clavier on joint souvent à ces trois notes une quatrième qui est l'octave de la première, exemple : *do mi sol do.*

91. — Il peut y avoir plusieurs accords parfaits dans une gamme. Si l'on prend la gamme de *do* majeur, on verra que l'on peut avoir, en exceptant la sensible, autant d'accords parfaits que de notes. Ainsi on aura : *do, mi, sol* ; *ré, fa, la* ; *mi, sol, si* ; *fa, la, do* ; *sol, si, ré* ; *la, do, mi.* Tous ces accords ne sont pas de même espèce.

92. — Il y a deux sortes d'accords parfaits, l'accord parfait majeur et l'accord parfait mineur. La différence n'existe que dans la première tierce ; en majeur elle contient deux tons, et en mineur un ton et demi. Ainsi en reprenant les sept notes de la gamme on voit qu'avec la première, la quatrième et la cinquième on peut former trois accords parfaits majeurs : *do, mi, sol* ; *fa, la, do* ; *sol, si, ré.* Avec la deuxième, la troisième et la sixième, on peut former trois accords parfaits mineurs : *ré, fa, la* ; *mi, sol, si* et *la, do, mi.* Seul, le septième degré ne peut former aucun accord parfait à cause de sa quinte diminuée *si, fa.*

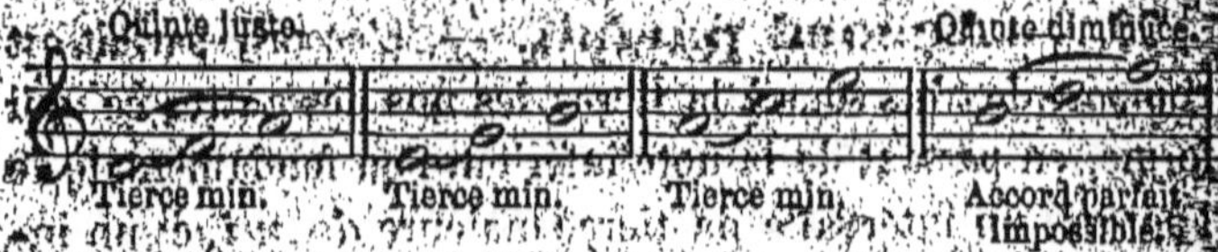

93. — On peut former toutes les gammes au moyen des tétracordes, en prenant le tétracorde supérieur d'une gamme pour en faire le tétracorde inférieur, (ordre des dièses) ou en prenant le tétracorde inférieur d'une gamme pour en faire le tétracorde supérieur (ordre des bémols).

10e LEÇON

FORMATION DES GAMMES MINEURES. — GAMMES CHROMATIQUES ET ENHARMONIQUES

94. — **Gammes mineures.** — Il y a deux espèces de gammes mineures, et les différentes places qu'occupent les demi-tons les distinguent l'une de l'autre.

95. — **1re gamme mineure.** — La première gamme mineure contient trois demi-tons. Le premier demi-ton est toujours placé du deuxième au troisième degré, le

deuxième du cinquième au sixième ; et le troisième du septième au huitième. Elle se fait en descendant comme en montant

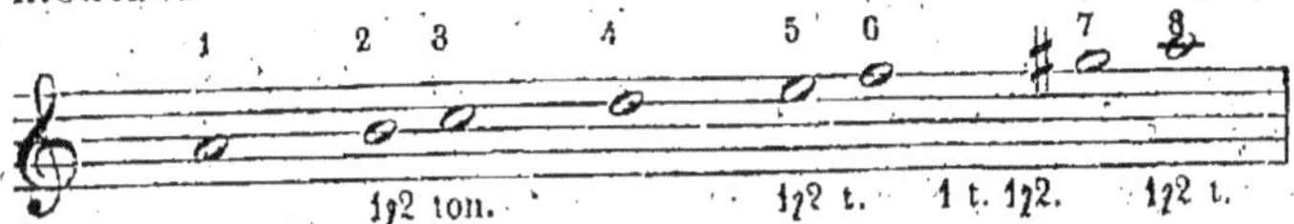

96. — Le mot relatif signifie : relation, rapport entre deux choses ; ici le rapport existe dans l'armure qui est semblable dans les deux tons majeur et mineur, mais la quinte du majeur doit être altérée pour être en mineur. La différence existe encore dans la tierce et dans la sixte. Dans la gamme majeure la tierce et la sixte sont majeures, tandis que dans la gamme mineure la tierce et la sixte sont mineures.

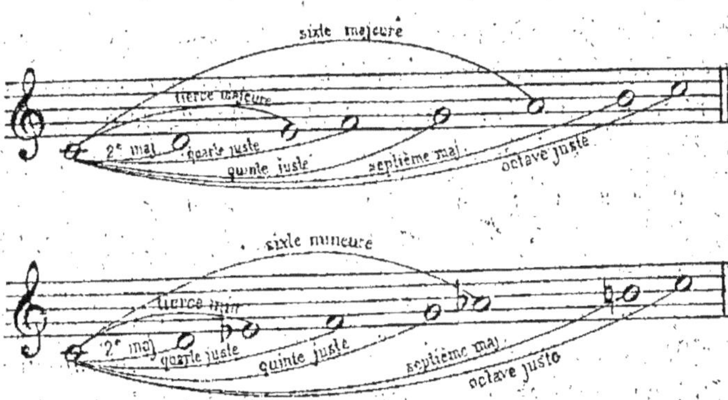

97 — Du sixième au septième degré de la 1re gamme mineure il y a une seconde augmentée qui provient de l'altération de la quinte du majeur. Cet intervalle caractérise cette gamme mineure. La gamme altérée devient septième du ton mineur, et se trouve ainsi placée à un demi-ton diatonique de la tonique octave. On l'appelle sensible parce que l'oreille ne pourrait supporter un repos sur la septième note d'une gamme, elle le réclame impérieusement sur la huitième.

Voici le tableau de quelques gammes mineures de la première espèce :

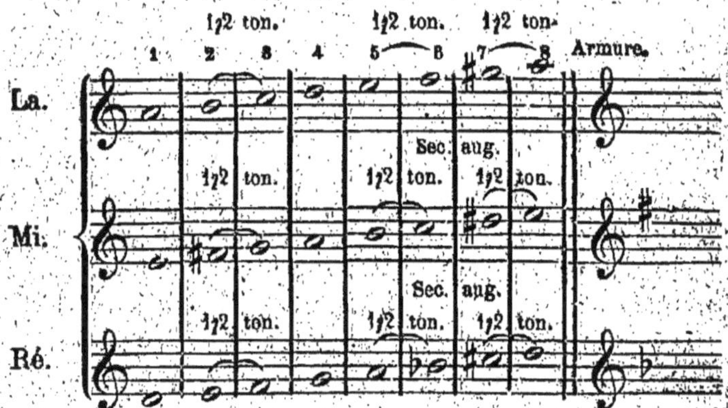

98. — **2e gamme mineure.** — La seconde gamme mineure n'a que deux demi-tons dont le premier est placé du deuxième au troisième degré, et le second du septième au huitième en montant, et du sixième au cinquième, du troisième au second en descendant.

99. — La formation de cette seconde gamme mineure vient de certains théoriciens qui trouvaient la seconde augmentée trop difficile pour les chanteurs.

100. — On doit remarquer qu'il est plus naturel de faire la première gamme mineure qui n'emploie que l'armure et la quinte altérée du majeur.

101. — L'altération qui produit la note sensible dans la gamme mineure ne se place pas à la clé parce qu'on ne peut jamais sous aucun prétexte changer l'ordre de la série

des dièses ou des bémols, et que d'un autre côté, elle ne se fait pas toujours en descendant.

Voici le tableau de quelques gammes mineures de la 2e espèce :

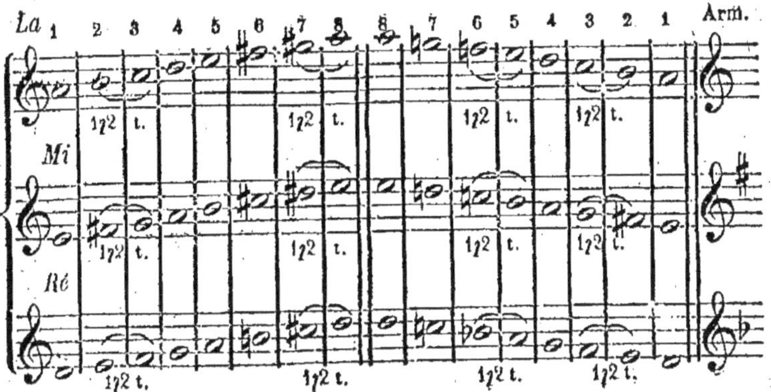

102. — Il faut remarquer que le premier demi-ton ne varie pas dans ces deux gammes. Il est toujours placé du deuxième au troisième degré en montant et en descendant, parce que la première tierce mineure qui comprend un ton et demi, est formée par les deux toniques des tons relatifs majeur et mineur. La gamme de *do* majeur est le modèle des gammes majeures, et la gamme de la mineur est le modèle des gammes mineures.

103. — **Gamme chromatique.** — Si l'on partage tous les tons de la gamme diatonique en deux demi-tons, l'un chromatique et l'autre diatonique, on obtient une succession de demi-tons appelée gamme chromatique. Toutes les gammes majeures et mineures peuvent être transformées en gammes chromatiques.

104. — La gamme chromatique s'écrit en divisant les tons en deux demi-tons au moyen des dièses en montant et des bémols en descendant, afin de placer le premier, le demi-ton chromatique pour conserver à la note altérée le nom de la précédente, ce qui est beaucoup plus facile que d'attaquer tout de suite la note suivante altérée. Cependant on n'altère pas le 6e degré de la gamme majeure et le 1er degré de la gamme mineure en montant, ni le 5e degré de la gamme majeure et le 7e degré de la gamme mineure en descendant ; ses altérations n'ayant aucun rapport diatonique avec les gammes.

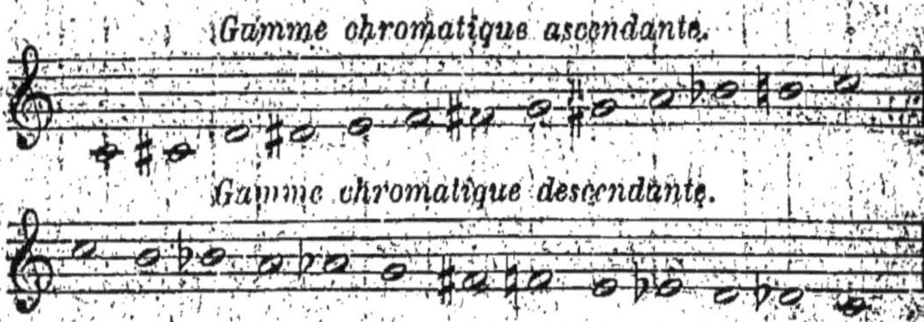

105. — **Gamme enharmonique.** — On nomme gamme enharmonique deux gammes de noms différents qui donnent le même son. La gamme enharmonique diminue la quantité des gammes majeures et mineures ; elle sert aussi dans la modulation et à la transposition.

11e LEÇON

Abréviations. — Mouvement. — Rythme. — Métronome. — Nuances, expressions. — Accents. — Point d'orgue. — Agréments ou Ornements.

106. — **Abréviations.** — Il y a dans la musique quatre signes d'abréviations que l'on emploie fréquemment : 1° la barre de reprise ; 2° les renvois ; 3° le Da Capo ; 4° la Coda.

Outre ce que l'on a vu au n° 33 pour les deux points des barres de reprises, il y a quelquefois avant la barre de reprise 1ª (prima) et après la double barre 2ª (seconda) surmontés d'un trait reliant une ou plusieurs mesures. La première fois on fait la ou les mesures 1ª, puis on passe cette ou ces mesures en revenant pour sauter à la ou aux mesures 2ª, et continuer.

Le renvoi est un signe qui, en se représentant pour la seconde fois, indique de retourner où il était écrit précédemment, et de continuer jusqu'au mot fin. On peut varier à l'infini la figure du renvoi sans en changer l'effet. Voici les plus employées 𝄋 ⊕

Le Da Capo en abrégé D.C qui signifie (à la tête) et qui se place à la fin du morceau, indique de retourner au commencement, tandis que l'S barrée 𝄋 fait retourner au même signe qui se place où l'on veut.

La Coda qui signifie (queue) est une phrase musicale ajoutée au morceau pour le terminer d'une façon plus complète et plus brillante, mais qui peut être supprimée, ne faisant pas partie essentielle du morceau.

107. — Mouvement. — Le mouvement étant le degré de vitesse ou de lenteur que l'on donne à un morceau de musique, chaque morceau peut avoir différents mouvements. Celui qui convient au morceau est indiqué au commencement au-dessus du chiffrage et de l'armure par un mot italien.

108 — Rhytme. — La différence de vitesse et de lenteur, établie dans un ordre régulier quelconque, ou encore la combinaison symétrique des durées longues et brèves des sons, constitue ce qu'on nomme le rythme en musique.

Termes qui indiquent le mouvement.

Italien.		*Signification*
Largo		Très lent.
Lento		Très lentement.
Larghetto		Un peu moins lent que largo.
Adagio		Un peu moins lent que lento.
Andante	And^te.	Posément, très modérément.
Andantino	And^ino.	Un peu moins lent qu'andante.
Moderato		Modéré, ni lent ni vif.
Allegretto	All^tto.	Un peu moins vif qu'allegro.
Allegro	All^o.	Vif, animé, gai.
Vivace		Entre allegro et presto.
Presto		Plus vif qu'allegro.
Prestissimo	P^mo.	Très vif.

Termes ajoutés au mouvement.

Sostenuto		Soutenu.
Maëstoso	Sost.	Majestueusement.
Cantabile		Chanté avec goût, mouvement lent.
Tempo di Marcia		Mouvement de marche.
Amoroso		Tendre — un peu lent et doux.
Grazioso		Gracieux.
A Tempo—Tempo 1°		Reprendre le premier mouvement.
Non troppo		Pas trop.
Con brio		Avec brillant.
Agitato		Agité.
Scherzo		Badinage, léger et très vif.
Piu mosso		Plus animé.

109. — Métronome. — Tous les termes Italiens représentent les mouvements d'une manière très vague; chaque musicien pourrait les interpréter comme il voudrait;

d'après son tempérament, sa disposition d'esprit, sa manière de comprendre le morceau, si l'on n'avait trouvé le *Métronome* qui donne d'une façon certaine et générale un mouvement uniforme qui empêche toute confusion.

110. — Nuances. — Les nuances sont les différents degrés de force par lesquels on fait passer un morceau.

111. — Expression. — L'expression est la manière d'exprimer un morceau pour faire comprendre aux autres ce que l'on ressent soi-même. Le caractère est la teinte générale donnée à l'expression d'un morceau ; ainsi il peut être gai ou triste. Chaque partie ou période peut avoir un caractère particulier.

Voici les termes les plus usités, qui représentent les nuances et l'expression.

Termes de nuances et d'expressions

Italien.			*Signification.*
Pianissimo	ou	pp.	Très doux.
Piano	»	p.	Doux.
Dolce	»	dol.	Doux.
Mezzo forte	»	m. f.	Demi-fort.
Forte	»	f	Fort.
Fortissimo	»	ff	Très fort.
Rinforzando	»	Rinf.	En renforçant insensiblement.
Sforzando	»	Sforz. ∧	En forçant subitement une note.
Crescendo	»	Cresc. <	En augmentant de force.
Decrescendo	»	Decresc.	En diminuant de force.
Smorzando	»	smorz.	En mourant ; éteindre.
Diminuendo	»	dim. >	En diminuant de force.
Ritardando	»	ritar.	En rallentissant.
Rallentando	»	rall.	En rallentissant.
Ritenuto	»	riten.	Retenu.

Accelerando	ou	accel.	En pressant.
Ad libitum	»	ad libit.	A volonté.
Espressivo	»	expr.	Avec expression.
Con espressione			
Affettuoso			Affectueux.
Legato	»	leg.	Lié.
Sempre legato			Toujours lié.
Sotto voce			A demi-voix--jouer à demi-jeu
Staccato			Détaché.
Capriccioso			Capricieux.
Poco à poco			Peu à peu.
Più animato			Plus animé.
Volti subito	»	V. S.	Tournez vite.

112. — Accents. — Les accents sont les signes que l'on emploie pour donner de la variété à l'exécution et pour faire sentir et exprimer les différentes phrases musicales ; c'est ce que l'on nomme ponctuation.

113. — Il y a quatre sortes d'accents :

1° Le Lié, 2° le Piqué, 3° le Détaché ou Staccato et 4° le Porté.

La liaison ou coulé est un trait recourbé ⁀ qui sert à lier plusieurs notes ensemble. Si elle relie deux ou plusieurs notes placées sur le même degré et donnant exactement le même son, on frappe la première et l'on soutient les autres.

Le Lié.

Le piqué qui est représenté par un point allongé, placé au-dessus ou au-dessous de la note, prévient l'exécutant de ne donner à cette note que le quart de sa valeur et de laisser les trois autres quarts en silence

Le Piqué.

Le détaché ou staccato, représenté par un point rond, indique de ne donner à la note que la moitié de sa valeur et de laisser l'autre moitié en silence.

Le Détaché ou Staccato

Le porté, représenté par de petits points ronds surmontés d'une liaison, indique de détacher faiblement les sons, mais avec une certaine lourdeur et de ne donner à chaque note que les trois quarts de sa valeur en laissant l'autre quart en silence.

Le Porté.

114. — Point d'orgue. — Une mesure peut être interrompue momentanément par ce seul signe 𝄐 appelé point d'orgue, lorsqu'il est placé sur une note et point d'arrêt s'il est placé sur un silence.

115. — Agréments ou ornements. — Il y a cinq espèces d'agréments ou ornements : 1° L'appogiature ou petite note ; 2° le grupetto ; 3° le trille ; 4° le mordant et 5° la fioriture.

L'appogiature (en italien appogiare, appuyer) est une petite note qui se place devant une note principale à laquelle elle emprunte sa valeur, et s'accentue au détriment de celle-ci.

Le grupetto est un petit groupe de quatre notes qui tourne autour d'une note principale ; il doit être articulé légèrement, gracieusement, son mouvement doit suivre celui du morceau et le caractère de la phrase musicale dans laquelle il est placé. Il ne doit jamais y avoir une tierce majeure de la première à la troisième de ces petites notes ; s'il y a besoin pour cela de mettre un accident étranger à ceux qui sont indiqués à la clé, il doit être écrit au-dessus ou au-dessous du signe selon sa place dans l'exécution.

Le trille, improprement appelé *cadence*, consiste dans les battements alternatifs et rapides de deux notes conjointes. Il est représenté par les deux lettres *tr* suivies d'une petite ligne tremblée : *tr* ~~~~

Le mordant indiqué par un petit trait en zig-zag ~ est un agrément qui consiste en une seule battue de la note qui porte le signe avec une note supérieure.

Le Mordant.

La fioriture est un trait que l'on introduit dans le courant du morceau et surtout pendant un point d'orgue. Il est presque toujours écrit en petites notes, mais n'est jamais mesuré. Il se fait d'après le caractère du morceau et le goût de l'exécutant.

116. — Arpège. — L'arpège représenté par ce signe } placé devant un accord, consiste à faire entendre successivement et rapidement toutes les notes de cet accord, en commençant par la plus grave.

12e LEÇON

VOIX. — MODULATION. — TRANSPOSITION

117. — Voix. — On appelle voix, en musique, l'ensemble de tous les sons mélodieux que l'on peut tirer de l'organe en chantant.

118. — Il y a deux genres de voix : 1° la voix d'homme et 2° la voix de femme ou d'enfant. La voix de femme ou d'enfant est plus aiguë d'une octave que la voix d'homme. Chaque voix se subdivise de la manière suivante :

Voix d'hommes	Graves	Deuxième basse, ou basse taille.
		1re basse, ou baryton, ou concordant.
	Aigues	Deuxième ténor.
		Premier ténor.

Voix de femmes ou d'enfants	Grave	Contralto.
	Aiguës	Mezzo soprano ou 2e soprano ou 2e dessus
		Soprano, ou 1er soprano, ou 1er dessus

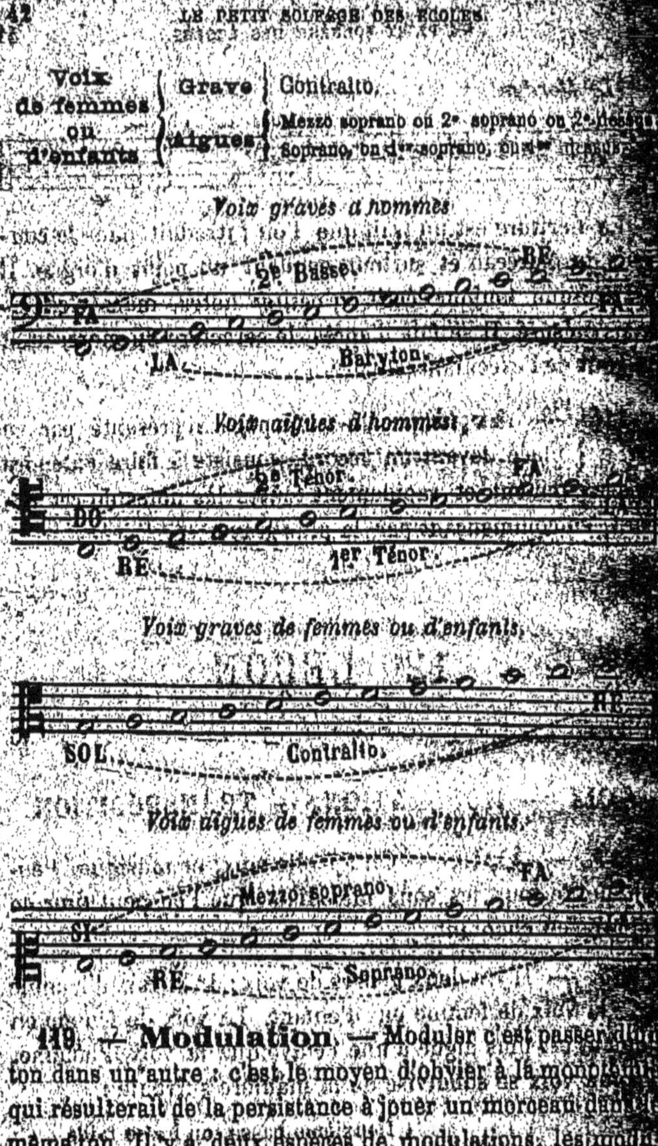

119. — Modulation. — Moduler c'est passer d'un ton dans un autre : c'est le moyen d'obvier à la monotonie qui résulterait de la persistance à jouer un morceau dans le même ton. Il y a deux espèces de modulations, les modulations aux tons voisins et les modulations aux tons éloignés. L'armure ne change pas dans une modulation qui n'est que passagère, si au contraire elle persiste assez longtemps, on remplace l'armure du ton que l'on quitte par celle où l'on module.

120. — Transposition. — Transposer c'est exécuter ou écrire un morceau de musique dans un autre ton que celui dans lequel il est écrit. Il y a deux manières de transposer en écrivant et en lisant. La transposition écrite, qui est la plus facile consiste à placer à la clé l'armure du ton dans lequel on transpose, puis à écrire soit au-dessus soit au-dessous chaque note du morceau à l'intervalle auquel on veut transposer. On devra parfois modifier quelques altérations accidentelles afin de laisser les tons et les demi-tons à leur place respective. Ainsi pour transposer une phrase quelconque de deux tons on opèrera comme il suit :

Pour opérer une transposition en lisant il faut 1° chercher quel sera le nouveau ton dans lequel un morceau devra être exécuté, sachant qu'il sera baissé ou haussé d'un ou de plusieurs tons ; 2° se figurer par la pensée que l'armure du nouveau ton est venue remplacer l'ancienne ; 3° chercher dans quelle clé on devra lire ; 4° connaître d'avance les notes sur lesquelles les *altérations accidentelles* devront être placées.

Pour plus de détails voir du même auteur le *Questionnaire musical.*

FIN DE LA PARTIE THÉORIQUE.

DEUXIÈME PARTIE

DEUXIÈME PARTIE

NOMS ET POSITION DES NOTES

EN CLÉ DE SOL

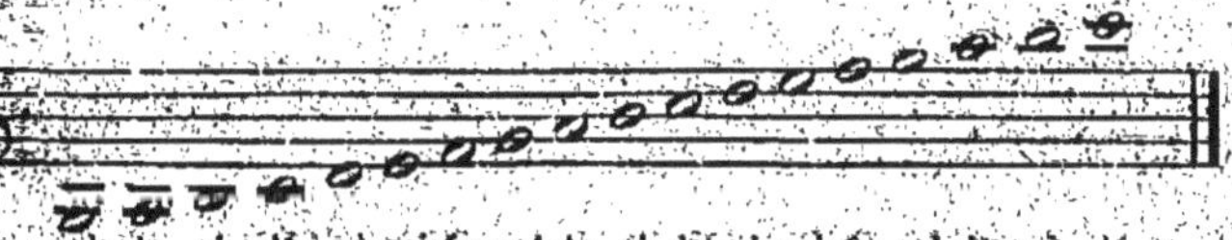

NOTES SUR LES LIGNES

NOTES DANS LES INTERLIGNES

RÉCAPITULATION

On peut varier à l'infini ce genre d'exercice jusqu'à ce que les élèves sachent lire couramment.

EXERCICES D'INTONATION

Dans tous les exercices qui suivent il serait bon de faire lire les notes, sans intonation, jusqu'à ce que l'élève soit en état de lire très vite, puis ensuite avec l'intonation.

ÉTUDE DES INTERVALLES

Les exercices suivants peuvent se faire de trois manières : 1° en faisant exactement ce qui est écrit, exemple nº 10 : do ré mi fa : ré mi fa sol : etc. ; 2° après avoir fait chanter toutes les notes de la première mesure on reprendra seulement les deux blanches, puis on passera à la deuxième mesure et l'on continuera ainsi, exemple nº 11 : do ré mi fa sol, do sol ; ré mi fa sol la, ré la ; etc. ; 3° en faisant chanter dans chaque n° et dans chaque mesure les blanches seulement, exemple n° 12 : do la ; ré si ; etc.

Ces exercices peuvent se faire de la même manière en descendant ; le professeur pourra les prolonger soit en montant, soit en descendant.

RÉCAPITULATION DES INTERVALLES

MESURE A 2 TEMPS

MESURE A 2 TEMPS

Exercices avec des blanches, des noires, des croches, des pauses, des soupirs et des demi-soupirs.

Il serait nécessaire de faire la lecture rhytmique de tous les n[os] suivants, c'est-à-dire de nommer les notes en battant la mesure avec la main, sans chanter, mais en donnant exactement la valeur indiquée par chaque note ou chaque silence, puis ensuite solfier.

22
23
24
1 2
1 2
25
26

27
2
4
28
2
4
29
2
4

MESURE A 4 TEMPS

Exercices avec des rondes, des demi-pauses et tous les signes précédents.

39
1 2 3 4 1 2 3 4
40
1 2 3 4
41
1 2 3 4
42

MESURE A 3 TEMPS

Exercices avec le point.

EXERCICE SUR LES SYNCOPES.

48

EXERCICE SUR LE TRIOLET.

49

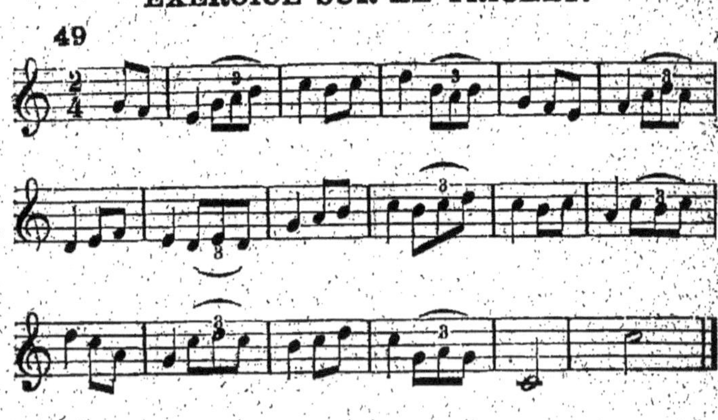

EXERCICE SUR LES SIGNES ALTÉRATIFS.

EXERCICES SUR LES TONS MAJEURS ET LES TONS MINEURS.

53 — *Sol Majeur.*

54 — *Fa Majeur.*

55 — *Ré Mineur.*

56 — Ré Majeur. — Andante.
2
4
57 — Ré Majeur.
1 2 1 2

58 — Mi Mineur.
Richard cœur de lion.
59 — Andante. Une fièvre brûlante. GRÉTRY.
p
cresc
mf
p
mf
cresc.
f
dim.
p

LE SOLDAT (1)

Poésie de Paul DÉROULÈDE.

Chant d'Ecole.

Musique de Eug. DARDET.

1er COUPLET. — *Allegretto martiale.*

f

Dans la Fran - ce que tout di - vi - se,

Quel Fran - çais a pris pour de - vi - se :

Cha - cun pour tous ; tous pour l'E - tat ?

ff *p*

Le sol-dat ! Le sol - dat ! Dans nos heu-res

d'in - dif - fé - ren-ce, Qui garde au cœur,

pp

une es - pé - ran - ce ; Que tout heur - te,

(1) Imprimé avec l'autorisation de l'auteur. L'édition avec accompagnement de piano se trouve chez M. DARDET, 12, rue d'Erlanger, à Paris.

et que rien n'a - bat ? Le sol-dat ! Le sol-dat
2e COUPLET.
p
Qui fait le guet, quand tout som-
meil-le, Quand tout est en pé - ril, — qui
veil-le ; Qui souffre et meurt, — qui com-
bat ? Le sol - dat ! Le sol - dat !
p
O rôle im-
men - ce, ô tâ-che sain-te, Mar-chant sans
bruit,
pp
tom - bant sans plain-te, Qui tra-
vail-le à no - tre ra - chat ? Le sol-
dat ! Le sol - dat !

3e COUPLET.

f
Dans la Fran - ce que tout di - vi - se,
Quel Fran - çais a pris pour de - vi - se :
Cha - cun pour tous ; tous pour l'E - tat ?
f ff p
Le sol - dat ! Le sol - dat ! p. Et sur sa
tom - be ob - cure et fiè - re, En ré-com-
pp
pen-se, et pour pri - è - re, Que vou - drait-
Cresc.
il que l'on gra - vât ? Un sol - dat !
Un sol - dat !

Paroles de X***.

BRETAGNE, ADIEU

Musique de F. GRAVRAND

1er COUPLET.

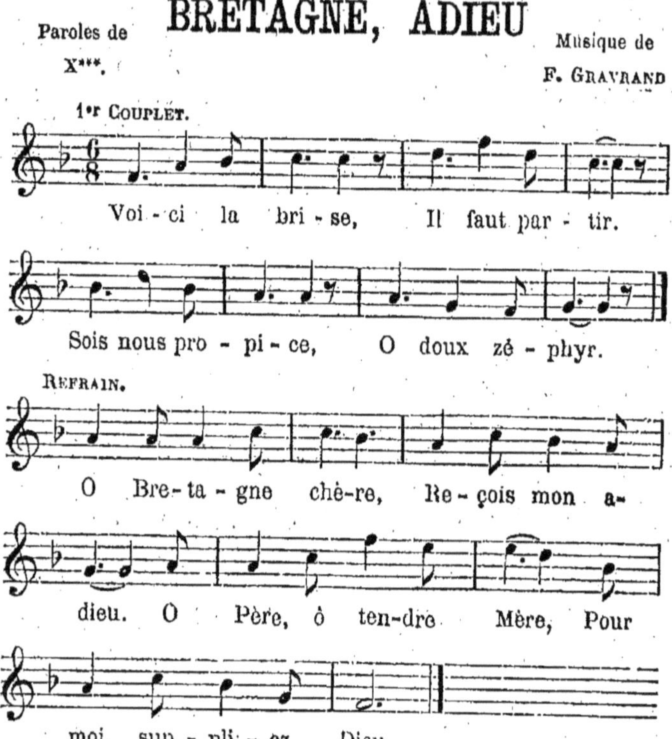

2e COUPLET.

Mon cœur se serre :
Comme un point noir.
Déjà la terre,
Ne peut se voir.

3e COUPLET.

Mon âme emporte
Son souvenir,
Pour être forte
Dans l'avenir.

4e COUPLET.

Un jour, j'espère,
Je reviendrai ;
Ma douce terre,
Je reverrai.

X***.

FRÈRE JACQUES

Canon à 4 voix. Air ancien.

LE COQ

Canon à 5 voix. Air ancien.

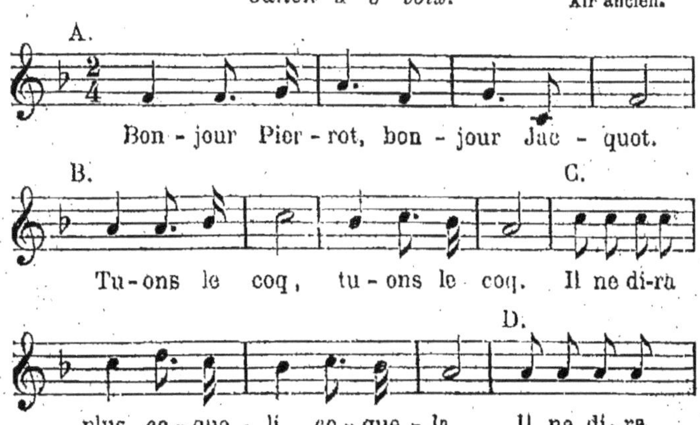

A mon intime ami, F. GRAVRAND.

L'ÉTENDARD

Paroles de Ch. SINOIR.

Chœur à 2 voix.

Musique de L. LAROCHE

lut ! Sa-lut ! Sa- lut ! Car dans tes
lut ! Sa-lut ! Sa - lut ! Car dans tes

plis vient se ca-cher la gloi-re ; Il semble, en te sui-
plis vient se ca-cher la gloi-re ; Il semble, en te sui-

vant, qu'on marche à la vic- toi-re, qu'on marche à la vic-
vant, qu'on marche à la vic - toi-re, qu'on marche à la vic-

toi-re ! Sa- lut ! Sa-lut ! Sa- lut ! — Noble é-ten-
toi-re ! Sa-lut ! Sa-lut ! Sa-lut ! — Noble é-ten-

dard, sa - lut ! —
dard, sa - lut ! —

1er COUPLET.

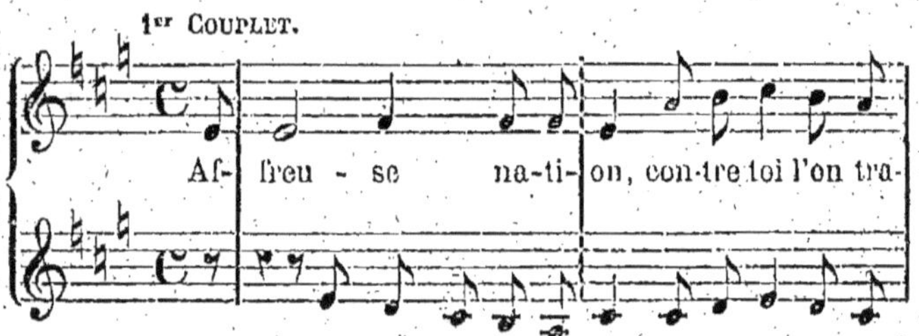
Af- freu - se na-ti- on, con-tre toi l'on tra-
Af-freu-se na-ti-on, con-tre toi l'on tra-

vail- - - - - - - - - - - le, — Et
vail-le, con-tre toi l'on tra - vail - le,

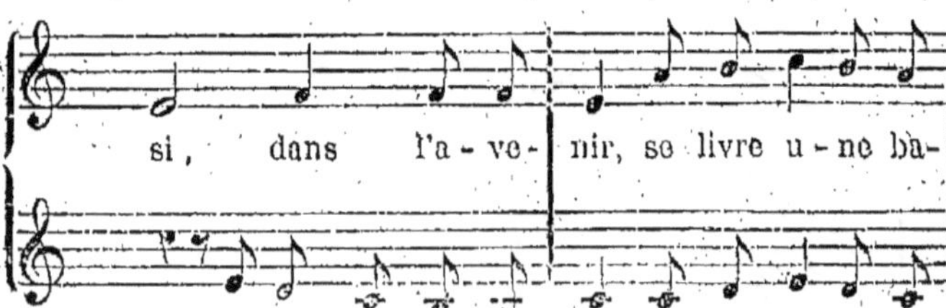
si, dans l'a-ve- nir, se livre u-ne ba-
Et si, dans l'a-ve - nir, se livre u-ne ba-

tail- - - - - - - - - - - - - le, — (Prends
tail - le, se livre u - ne ba - - tail - le, Prends

garde) Prends gar-de que ceux- là, qui sem-blent des en-
gar - - - - - - de que ceux- là, qui sem-blent des en-

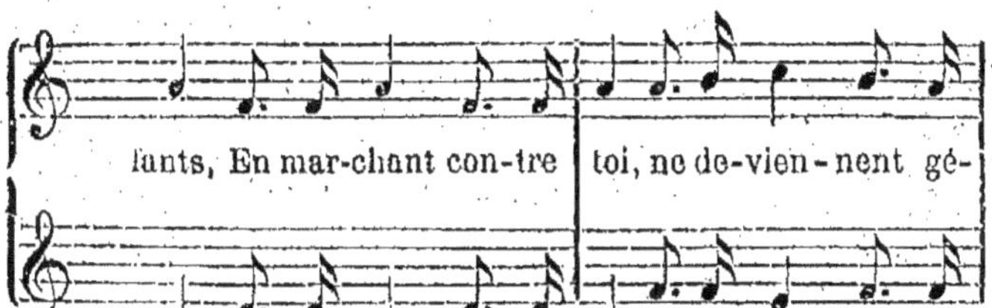
fants, En mar-chant con-tre toi, ne de-vien - nent gé-
fants, En mar-chant con-tre toi, ne de-vien - nent gé-

ants! Prends gar- de.
ants! Prends gar - de.
Refrain.

2e COUPLET.

Ils sont jeunes encor, mais leur fière cohorte,
Te réserve à jamais une haine bien forte.
Et la haine, tu sais, donne de la valeur ;
Tu les verrais, sur toi, tomber avec fureur,
Sur toi !

3e COUPLET.

Et te faire expier l'affront audacieux,
Que tu nous fis subir dans un temps malheureux.
Alors tu songerais qu'il est encor en France,
Plus d'un grand cœur rempli d'une noble vaillance,
En France.

LE TRAVAIL(1)

Paroles de Emile DESCHAMPS.

Chant d'École.

Musique de Eugène DARDET.

1er COUPLET. — *Allegretto moderato.*

(1) Imprimé avec l'autorisation de l'auteur.

REFRAIN.
fois plus no - ble que l'or. A
Animato.
f
l'œuvre, a - mis, et sans re - lâ - che, Et
3
puis chan-tons pour al - lé - ger la tâ-che. A
l'œuvre, a - mis, et sans re lâ-che, Et puis chan-
Elargissez le mouvement.
ff
tons pour al - lé - ger la tâ - che.
2e COUPLET. — Allegretto moderato.
mf
Sans la pei - ne, point de plai - sir, Le
sort me - su - ra nos loi - sirs. Mais
ceux qui tra - vail lent long - temps, En - tre
tous sont fiers et con - tents. A

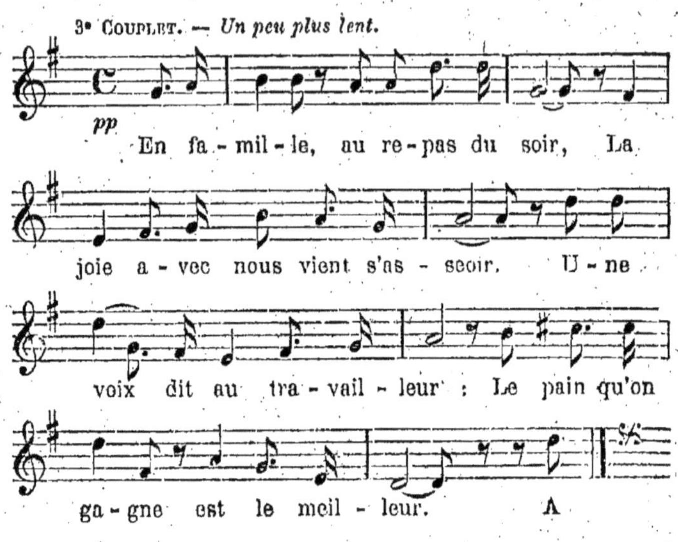

SALUT AUX ENFANTS DE LA FRANCE!

Marche des Bataillons scolaires

Paroles de A. Lecohic. (1)

Musique de Ch. Sinoir.

(1) Toutes les poésies de M. A. Lecohic, professeur, ont été faites spécialement pour ce petit recueil.

Gau - - le! Vo-yez - les pas - ser tri - om-
phants, Le front haut, la dé-marche al - tiè re,
Comme il sied à des con-qué-rants, Au son d'u-
ne mar-che guer - riè - re.
REFRAIN.
ff De nos droits fi-dè-les sou-tiens, Ils nous ré-
ff De nos droits fi-dè-les sou-tiens, Ils nous ré-
ff De nos droits fi-dè-les sou-tiens, Ils nous ré-
ser-vent l'es-pé- ran- ce; Du dra- peau qu'ils
ser-vent l'es-pé- ran- ce; Du dra- peau qu'ils
ser-vent l'es-pé - ran - ce; Du dra - peau qu'ils

soient les gar- diens.. Sa - lut aux en-fants de la
soient les gar- diens... Sa - lut aux en-fants de la
soient les gar -diens... Sa - lut aux en-fants de la

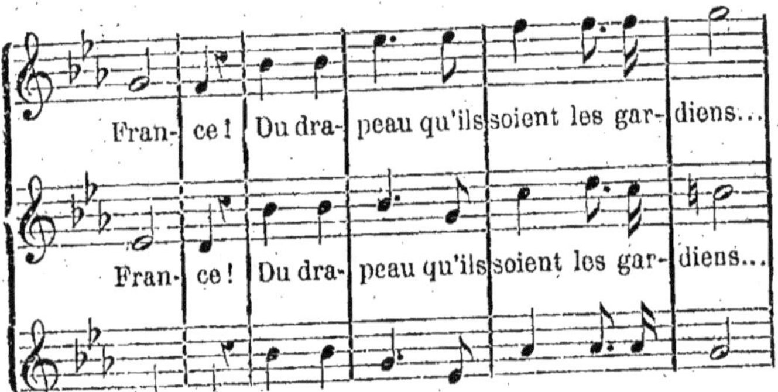
Fran- ce ! Du dra- peau qu'ils soient les gar- diens...
Fran- ce ! Du dra- peau qu'ils soient les gar- diens...
Fran - ce ! Du dra-peau qu'ils soient les gar - diens...

Sa - lut aux en-fants de la Fran - ce — !
Sa - lut aux en-fants de la Fran - ce — !
Sa - lut aux en-fants de la Fran - ce — !

2e Couplet.

Au foyer de nos Libertés,
Ah ! c'est qu'ils ont conquis leur place,
Nos petits troupiers tant fêtés
Ces rejetons de forte race....
Sortis du peuple et citoyens,
Ils auront leur nom dans l'histoire :
S'instruire par tous les moyens,
Sera leur beau titre de gloire.

3e Couplet.

Ils marcheront vers l'avenir,
Ayant le progrès pour égide,
Pour l'ordre tout prêts à s'unir
Heureux sous la main qui les guide ;
Et si jamais de l'Etranger
Le fer menaçait la frontière,
Debout, à l'heure du danger,
Ils seraient là, jeunesse fière.

LE RAT DE VILLE ET LE RAT DES CHAMPS

Paroles de LA FONTAINE.

(Fable de La Fontaine.)

Musique de J.-M. ROPARTZ.

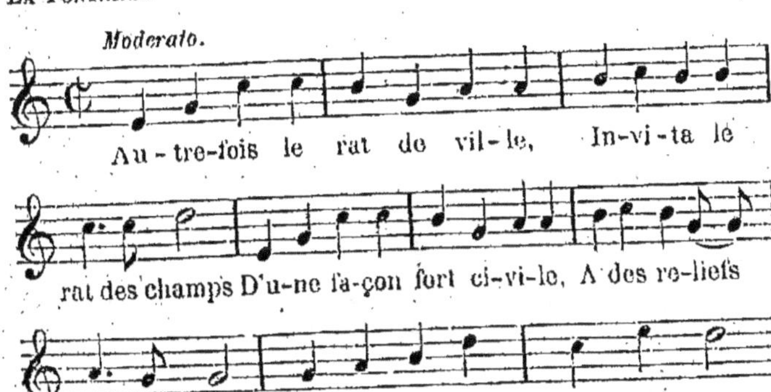

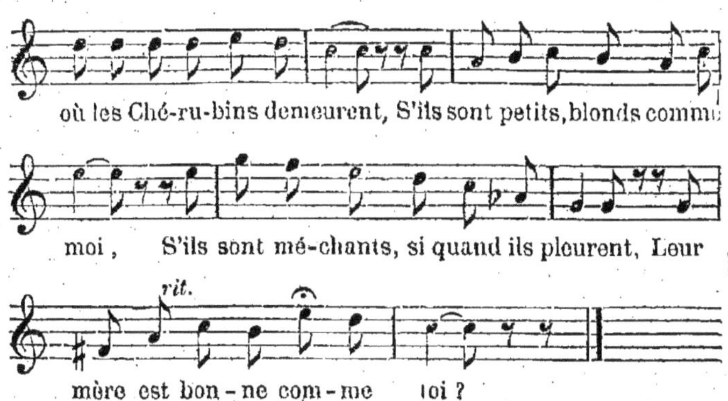

2e COUPLET.

Dis-mois s'ils sont beaux, les dimanches,
Avec leurs beaux petits bras nus,
S'ils savent joindre leurs mains blanches
Pour prier le petit Jésus.
Embrassent-ils leurs bonnes mères ?
Ainsi que moi tous les matins ;
Comme moi font-ils leurs prières,
Maman, les petits Chérubins ?

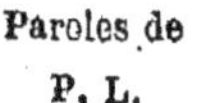

LE SOIR

Musique de
J.-G. ROPARTZ.

Canon à 2 voix.

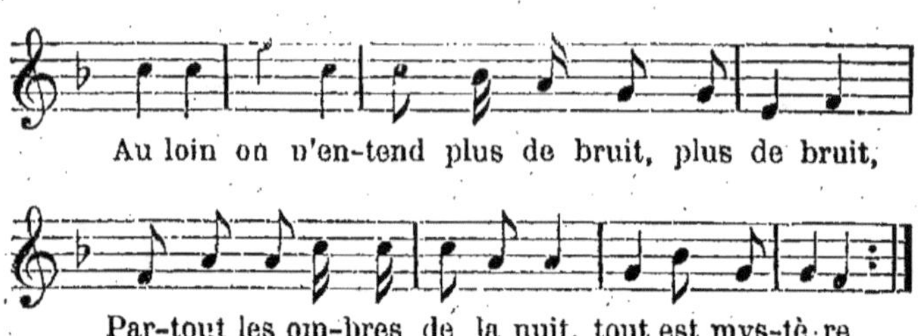

VERDURON, VERDURETTE

Paroles de X***.

(Ronde enfantine.)

Musique de Ch. Sinoir.

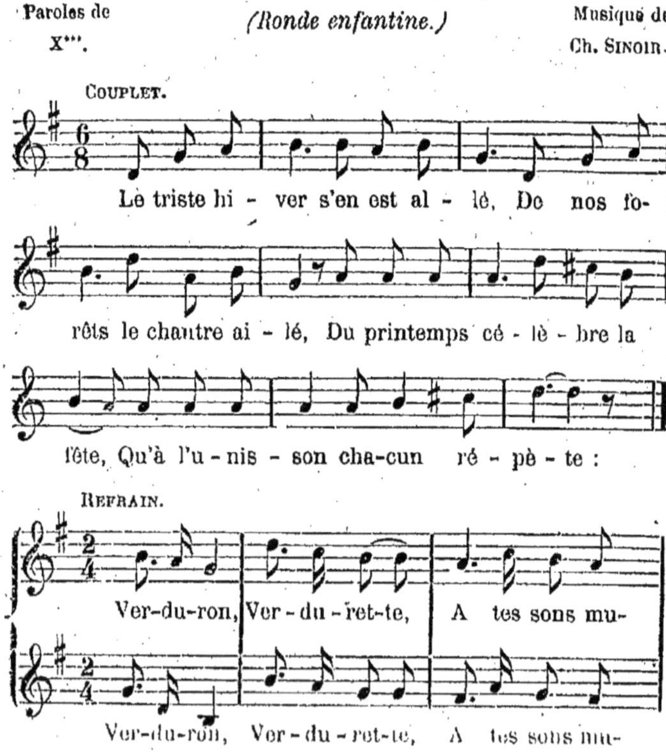

2e Couplet.

Au réveil, qu'il fait bon courir,
Dans les prés verts pour y cueillir
L'humide et blanche pâquerette !
Dans le ciel chante l'alouette.

3e COUPLET.

Et dans la ferme le bon lait
Que de la vache chacun trait !
Du cœur, oui, l'ivresse est complète.
Allons berger, prends ta musette.

4e COUPLET.

Enfants, profitez du bonheur,
Que Dieu ménage à votre cœur.
Formez vos ronds sur l'herbette,
Chantez garçon, chantez fillette.

SERAIT-CE TOI, POLICHINELLE ?

Paroles de A. LECOHIC. *(Imité de G. Piter.)* Musique de F. GRAVRAND.

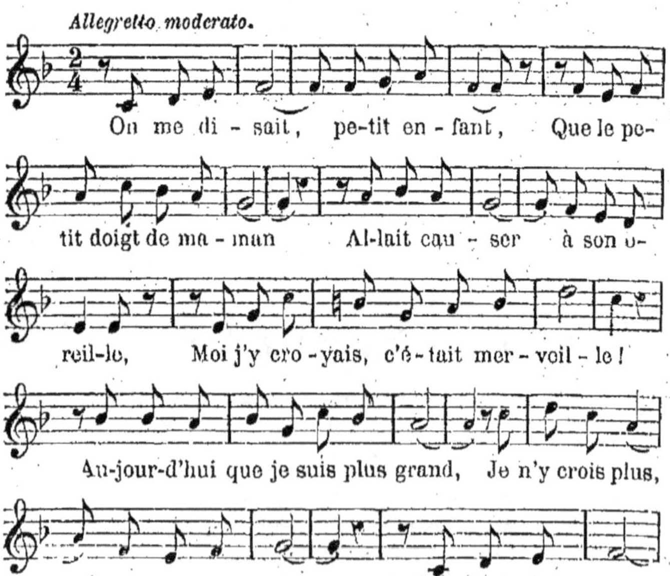

2ᵉ Couplet.

L'autre jour, voyant dans un pot
Que l'on gardait pour le marmot,
La plus appétissante crème
— Et tu sais, ami, si je l'aime, —
J'y trempai le bout de mes doigts
Que je léchai, comme tu crois,
Maman l'a su... comment fait-elle?
— Parlerais-tu ?... Polichinelle ?

3ᵉ Couplet.

Moi, je t'ai vu rossant le guet
Sans prendre souci du Parquet
A la foire du pain d'Epice
Faire la nique à la police.
Si tu te voyais dénoncé
Et par le cou guillotiné
Pour toujours et sans ritournelle
Que dirais-tu, Polichinelle ?

LA GRAND'MÈRE

Paroles de A. Lecomte. — Musique de E. Dardet.

Allegretto moderato.

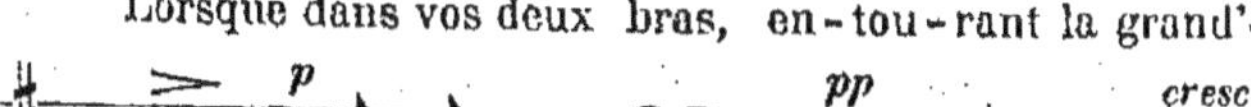

2e COUPLET.

Dans votre cœur naïf, vous demandez pour elle
Petits enfants,
Et parlant à Jésus, quelque grâce nouvelle
Pour ses vieux ans.

3e COUPLET.

Baisez avec respect sa soyeuse couronne
De blancs cheveux
Afin que le bon Dieu vous protège et vous donne
Des jours heureux.

4e COUPLET.

C'est votre amour d'enfant qui souvent la console
Dans ses douleurs
Elle dont les baisers, dont la douce parole
Sèchent vos pleurs.

5e COUPLET.

Elle a pour vous charmer ses récits d'un autre âge
Et ses chansons
Et vous, pour l'égayer, vous avez le ramage
De nos pinsons.

6e COUPLET.

Elle trouve en son cœur des élans de jeunesse
Pour vous chérir,
Et puise en son amour des trésors de tendresse
Pour vous bénir.

Paroles de P. L.

LES BRETONS

Musique de J.-G. Ropartz

2ᵉ Couplet.

Ici nous apprenons l'histoire
Des Clisson et des du Guesclin,
Sachons honorer la mémoire
Des preux du sol armoricain.

3ᵉ Couplet.

Et si la France nous demande
Notre bras pour la secourir,
Quittant ce jour-là notre lande,
Tous nous saurons vaincre ou mourir.

Paroles de A. Lecohic.

RESPECT AUX NIDS

Musique de F. Gravrand.

Refrain. — *Moderato.*

En - - fants, les oi-seaux sont u - ti - les

E-cou-tez tous, grands et pe - tits : En - fants

des cam - pa-gnes, des vil-les, Res-pect aux

nids ! Res - pect aux nids !

Couplet.

A ces gar - diens de la ter - re,

Pour tout sa - lai - re, que faut - il ?

Pour faire aux in-sec-tes la guer - - re,

Il ne leur faut qu'un peu de mil. En-

2e Couplet.

Ils sont de Dieu la créature,
Ils sont sensibles comme nous ;
Et, sous leur dôme de verdure,
Ils pleurent, souffrent comme vous.

3e Couplet.

Ne touchez pas à la famille
Qui niche sous les verts buissons,
De la gent frêle qui sautille,
Prenez pitié, vous serez bons.

Paroles de A. Lecohic.

AIMEZ LE MAITRE

Musique de J.-M. Ropartz

2e Couplet.

Aimez-le bien, comme il vous aime,
Car, chez lui, tout est dévouement,
Dans une terre ingrate il sème
Et tout s'écroule en un moment.

3e COUPLET.

Il lui faut fort de patience,
Son ouvrage recommencer
En s'armant de persévérance,
Toujours, quand même, ensemencer.

4e COUPLET.

Il lui faut, pétri d'indulgence,
De l'âge heureux se souvenir,
Où comme vous, dans son enfance,
Il rêvait de jeux, de plaisir.

PATRIE!

Paroles de
A. LECOHIC.

Musique de
F. GRAVRAND.

REFRAIN — *Allegro Martiale.*

toi, à toi ma vi-e, A toi, à toi le tri-
but de nos cœurs.
1er Couplet. — Moins vite.
Ga-ge sa-cré que d'âge en â-ge, Un père lègue à son enfant. Tré-sor pi-eux, saint hé-ri-ta-ge, Que nous
lais-se un hé-ros mou-rant. Ce nom qu'on apprend à l'E-
co-le, Et que l'on ai-me a-vec ar-deur, Qui fait rêver la tê-te fol-le, En ré-pé-tant a-vec bonheur. A
Au refrain.

2e COUPLET.

Et quand la Patrie est la France
Ce phare de l'humanité
Le cœur tout rempli d'espérance,
On peut le dire avec fierté
Ce nom qu'on apprend à l'Ecole,
Et que l'on aime avec ardeur,
Qui fait rêver la tête folle
En répétant avec bonheur :

3e COUPLET.

Et s'il fallait mourir pour Elle
Lorsque le clairon sonnera,
A son appel troupe fidèle,
Dans nos cœurs toujours il sera.
Ce nom qu'on apprend à l'Ecole
Et que l'on aime avec ardeur,
Qui fait rêver la tête folle,
En répétant avec bonheur :

FIN DE LA PARTIE PRATIQUE.

TABLE DES MATIÈRES

Première partie.

1re Leçon. — Notes. — Portée. — Clés.............. 5

2e Leçon. — Durée ou valeur des notes. — Silences. — Point.............................. 7

3e Leçon — Mesures simples. — Triolet............ 12

4e Leçon. — Mesures composées.................... 15

5e Leçon. — Syncopes. — Contre-temps............. 18

6e Leçon. — Tons, demi-tons et signes altératifs....... 19

7e Leçon. — Intervalles. — Nom technique des degrés de la gamme. — Tétracordes.......... 21

8e Leçon. — Tons majeurs et mineurs 25

9e Leçon. — Formation des gammes majeures. — Accord parfait.......................... 26

10e Leçon — Formation des gammes mineures.—Gammes chromatiques et enharmoniques........ 30

11e Leçon. — Abréviations. — Mouvement. — Rythme. Métronome. — Nuances. — Expression. Agréments et ornements............ 34

12e Leçon. — Voix. — Modulation. — Transposition... 41

Deuxième partie.

Noms et position des notes en clé de sol.............. 47

Exercice d'intonation 48

Etude des intervalles......... 49

Solfége, Mesure à 2 temps.......................... 50

Solfége, Mesure à 4 temps 54

Solfége, mesure à 3 temps.......................... 57

Exercices sur les syncopes, triolet, signes altératifs etc... 58

Exercices sur les tons majeurs et mineurs............ 59

Chants avec paroles.

1. Le soldat, une voix........................ 63
2. Bretagne, adieu, une voix........................ 66
3. Frère Jacques, canon........................ 67
4. Le Coq, canon........................ 67
5. L'Etendard, deux voix........................ 68
6. Le travail, une voix........................ 72
7. Salut aux enfants de la France, trois voix.......... 74
8. Le rat de ville et le rat des champs, une voix....... 77
9. Ah! dis pourquoi, une voix........................ 78
10. Le soir, canon........................ 79
11. Verduron, verdurette, deux voix........................ 80
12. Serait-ce toi, Polichinelle? une voix........................ 82
13. La grand'Mère, une voix........................ 83
14. Les Bretons, une voix........................ 85
15. Respect aux nids, une voix........................ 86
16. Aimez le Maître, une voix........................ 87
17. Patrie! Refrain à deux voix........................ 88

FIN DE LA TABLE.

Erratum.

5e Leçon. N° 55 au lieu de *do* dernière mesure, lire *si*.
Page 53 N° 27. Au lieu du 1/2 soup. 4e lig. 2e mes. mettre *un soupir*.
— 61 N° 56. id. 7e lig. 5e mes. — —
— 61 N° 56. du *fa*. 8e lig. 1re mes. — *un la*.

Vannes — Impr. E. Lafolye, 2. place des Lices.

www.ingramcontent.com/pod-product-compliance
Lightning Source LLC
LaVergne TN
LVHW020414230826
846091LV00004B/1287

9782019992132